自分を磨く方法

アレクサンダー・ロックハート　著
弓場隆　訳

自分を磨く方法

やればできる

誰かが男に向かって「そんなことはできるはずがない」と言った。
だが、男は含み笑いをしながら、「やってみなければわからない」と言った。
そして顔に笑みを浮かべ、課題に取りかかった。
内心は少し不安だったが、そんな素振りは見せず、歌を口ずさみながら、
「できるはずがない」ことに取りかかった。
そして、それを成し遂げた。

誰かが男に向かって「今まで誰もできなかったのだから、
そんなことはできるはずがない」と言った。

だが、男はまったく動じず、ひたすら自分を信じた。
そして次の瞬間、顔に笑みを浮かべ、歌を口ずさみながら、
「できるはずがない」ことに取りかかった。
そして、それを成し遂げた。

世の中には、「そんなことはできるはずがない」と断言する人はたくさんいる。
また、「失敗するに決まっている」と明言する人もたくさんいる。
さらに、途中で危険が待ち受けていると予言する人もたくさんいる。
だが、とにかく課題に取りかかろう。
歌を口ずさみながら、「できるはずがない」ことに取りかかろう。
そうすれば、それはできる。

THE PORTABLE PEP TALK: Motivational Morsels for
Inspiring You to Succeed by Alexander Lockhart

Published by Zander Press
P.O. Box 11741 Richmond, VA 23230

Japanese translation published by arrangement with
Zander Press through The English Agency (Japan) Ltd.

目次

目次

1　自分を信じる

サーカスのゾウは、ロープで杭につながれてじっとしている。杭を引っこ抜くだけの力を持っているのに、なぜその力を発揮して逃げ去らないのだろうか？

答えは簡単。

「自分にはたいした力がない」と思い込んでいるからだ。

ゾウは子どものころ、鎖で杭につながれて毎日を過ごす。小さいのでたいした力がなく、杭を引っこ抜くことができない。ゾウは大きくなってからも、その思い込みにとらわれ続ける。調教師はそれを知っているから、鎖のかわりにロープを使ってゾウを杭につなぎとめる。大きなゾウにとって、杭を引っこ抜くくらいたやすいはずだ。しかし、ゾウは「自分にはたいした力がない」と思い込んでいいるから、何もせずにじっとしている。

これは人間にもあてはまる。「自分にはたいした力がない」と思い込んで、平々凡々と人生を送っているからだ。多くの人は自分で限界を設定し、本来の力をぞんぶんに発揮できずにいる。

あなたには非凡な能力がある。それを発見して伸ばすことが大切だ。「自分にはたいした力がない」という思い込みから自分を解き放とう。発明王エジソンは「もし人間が自分にできるすべてのことをしたなら、自分でも驚嘆するほどの偉業を成し遂げられる」と言っている。

あなたは素晴らしい可能性を秘めている。ゾウが巨木を引っこ抜く力を持っているのと同じように、あなたも非凡な能力を持っているのだ。その事実に気づけば、自分を信じることができる。それは山をも動かす強い力となる。

2 言い訳をしない

物事を成し遂げる人は、積極的に行動する。彼らはすぐに課題に取りかかり、それができることを証明する。

成功する人は、自分の持っている能力や才能、技能、知性を最大限に発揮する。彼らは成功とは一夜にして手に入るものではなく、目標に向かって着実に前進し、さらに努力することによって手に入るものだと理解している。

あなたの目標達成を阻んでいるものは何か？ それは怠慢の場合もあれば、失敗への恐怖の場合もある。しかしほとんどの場合、業績をあげるうえで障害になっているのは、言い訳をする癖なのだ。

世の中には、大きく分けて四種類の人間がいる。

1「それはムリだ」と考えるタイプ。チャンスが目の前にあるのに、「できない理由」を考えて行動を起こそうとしない人たちがそうだ。

2「すればよかった」と考えるタイプ。あとになって「こうすればよかった」と悔やむばかりで、ここぞというときに行動を起こさない人たちがそうだ。

3「そのうちする」と考えるタイプ。チャンスを生かす方法を研究し、「機会があれば、やってみよう」と考えるが、結局、何もしない人たちがそうだ。

4「してよかった」と考えるタイプ。言い訳を考えるヒマがあるくらいなら、すべきことをし、次から次へと業績をあげる人たちがそうだ。

あなたは、障害を乗り越える能力を持っている。今日から課題に取りかかって、それを最後までやり遂げよう。最高の自分になるよう努力しよう。あなたは「してよかった」と満足するはずだ。

3 行動を起こす

多くの人は何時間も費やして、人生で本当に手に入れたいものを想像する。それについて何時間も考えたり、自分の夢について人と話をしたりしているとき、私たちは夢を追い求めているように感じる。

しかし、その夢が実現しないのはなぜだろうか？ 夢の実現に向かって第一歩を踏み出すのをためらうからだ。夢について考えたり話したりするだけで、行動を起こそうとしないのだ。

あなたは人生の目標に向かって歩んでいるだろうか？　自分の歩んでいる方向がわからないなら、目的地にたどり着くことはできない。

いったん目標を決めたなら、たとえ少しずつでも、その目標に向かって毎日なんらかの行動を起こさなければならない。どれほど長い旅であっても、まずは第一歩から始まることを思い起こそう。

多くの人が第一歩を踏み出そうとしないのは、言い訳をしてしまうからだ。もっとも多い言い訳は、「時間がない」である。しかし、時間がない理由は、自分を律することができていないからだ。時間がないように思えても、時間はいつでも作ることができる。

多くの人は、夢の実現とは相いれない無意味な活動に興じて時間を浪費している。テレビを見る、無駄話をする、ボーッとする、などなど。そんなことをしていると、人生の目標に向かって行動を起こすことがおっくうになる。

夢の実現は一朝一夕にできることではない。自制心、時間管理、綿密な行動計画が必要になるからだ。夢の実現に向かって少ししか努力しない人が、大きなことを成し遂げられる見込みはない。

ぐうたらな生活をするのと、建設的な行動をするのは、同じ時間を必要とする。それなら、行動を起こして夢を実現することを決意したほうが得策だ。

サーカスのゾウは、ロープで杭につながれたまま、
決してそこから逃げ去ろうはとしない。
なぜならゾウは、
「自分にはたいした力がない」と思い込んでいるからだ。

夢が実現しないのはなぜだろうか？
夢の実現に向かって第一歩を
踏み出すのをためらうからだ。
夢について考えたり話したりするだけで、
行動を起こそうとしないのだ。

4　大志を抱く

ある百姓がワシの卵を見つけた。しかし、百姓はそれがワシの卵とは知らず、ニワトリ小屋のメンドリの巣の中に入れた。メンドリはそれがワシの卵とは知らず、他の卵と同じように扱った。まもなくワシの子が生まれたが、メンドリは他のひよこたちと同じように育てた。

ワシの子は自分がニワトリだと思い込み、ニワトリのまねをして暮らした。ある日、ワシの子は空を見上げると、大きな鳥が空を舞っているのに気づいた。ワシの子が「あれは何？」とたずねると、メンドリは「ワシだよ」と答えた。ワシの子が「僕もあんなふうになりたい」と言うと、「それはムリだ。お前はニワトリなんだから」と言った。ワシの子はうなだれて「そうだね」とつぶやいた。

結局、ワシの子は大きくなっても自分がワシであることに気づかず、「自分は飛べない」と思い込み、大空をはばたくことなく生涯を終えた。

多くの人がちっぽけな自分で満足しているのはなぜか？　なぜ大きな夢を追い求めないのか？

私たちは何かをしようと思うとき、自分の能力を疑いがちだ。多くの場合、その原因は、自分を限定する信念にある。大志を抱いて「夢を実現したい」という願望は持っていても、ついつい恐れを感じてしまい、「自分には夢を実現する能力がない」と思い込むようになる。

大志を抱くということは、それを成し遂げることができるという証しである。夢を見る能力が備わっているなら、その夢を実現する能力も備わっているからだ。

大きな夢を抱き、勇気を出して行動を起こそう。あなたは偉業に向かって飛躍するために生まれてきたのだ。臆病になってはいけない。夢に向かって邁進しよう。

多くの人がちっぽけな自分で満足しているのはなぜか？
なぜ、大きな夢を追い求めないのか？

5 成功を確信する

人生でもっとも手に入れたいものがあるならば、「それを手に入れたい」という強い願望を抱かなければならない。人生でもっとも手に入れたいものを知り、それに徹底的にこだわることが大切なのだ。

いいかげんな気持ちで夢を追い求めても、大きな成果は望めない。強烈な願望を心の中に抱き、何かを必死で追い求めよう。そうすれば、どんなことがあっても途中であきらめたりしないはずだ。

意志があるところに道がある。強烈な願望とは、目標の実現に向かってすべてのエネルギーを集中させることだ。強烈な願望を抱くことは、何をするうえでも非常に強い動機づけになる。

平凡な才能しか持っていなくても、「絶対に成功するぞ」という強烈な願望を抱くことによって卓越した業績を残している人はたくさんいる。彼らは自分が手に入れたいものを決め、それを手に入れるために執念を燃やし、目的達成のために全力を注いだのだ。強烈な願望を抱く人たちは、強い決意を持って邁進する。彼らは計画し、行動を起こし、目標達成に必要なエネルギーを投資する。

「絶対に成功するぞ」という強烈な願望を抱く人たちは、自分が必ず成功することを確信している。だが、たんに願望を抱いているだけではいけない。自分が手に入れたいものを決め、目標を達成する自分の能力を強く信じ、目標の実現に向けて絶えず行動を起こすことが不可欠なのだ。

自分の能力に自信を持とう。何をするにしても、何が何でもそれを実現したいと思うなら、それができることを確信しなければならない。今日、自分の願望を業績に変える第一歩を踏み出そう。

6 決意する

決意とは、状況がいかに困難でも絶対にあきらめない気持ちのことだ。

それは勝利への飽くなき挑戦である。あきらめずに粘り強く続ければ、いつか必ず勝利をおさめることができる。

何かを成し遂げようと強く決意する人は、批判や嘲笑をものともせず、逆境に屈することなく夢を追い求める気力と勇気を兼ね備えるようになる。情熱と意欲、それに決意があれば、どのような状況でも乗り越えることができる。

決意をみなぎらせるためには、まず、自分が夢を実現する能力を持っていることを心に銘記しなければならない。人間は自分が信じているものになる。「できる」と確信すれば、それは必ずできる。歴史上の偉大な哲学者や思想家は、この点について同じ考え方である。

フランスの心理療法士エミール・クエは、こんなふうに述べている。

「『できる』と確信するなら、その目標が現実的であるかぎり、どんなに困難なことであっても、人はそれをやり抜く。それに対し、『できない』と思うなら、どんなに簡単なことでも無理難題のように見えてくるから、人はそれをすることはできない」

願望に向かって前進しようと決意するなら、あなたは何があっても前進し続ける。決意があれば、失意は一時的なものにすぎず、障害は乗り越えられ、疑念は払拭される。やがて、あなたは栄冠を手にすることができるだろう。

いいかげんな気持ちで夢を追い求めても、大きな成果は望めない。

7 努力を重ねる

あと少し努力することは、成功の最大の推進力のひとつである。目標を達成できないのは、たいていの場合、不断の努力を怠るからだ。平凡な能力しか持っていない人たちが大成功をおさめるのは、あきらめずに目標に向かって突き進む決意をするからだ。彼らは目標に向かって努力を重ねることの大切さを理解している。

この点について、イギリスの哲学者ジェームズ・アレンは「人間のあらゆる行為に努力と結果があり、努力の大きさにふさわしい結果が生じる」と表現している。

あなたが成し遂げるすべての課題は、長期的な目標の達成への布石になる。毎日、どれほど小さなことでもいいから、目標の達成に近づく努力をしよう。実際に成し遂げた小さなことは、思い描いただけの偉大な計画よりも素晴らしい。何かをすれば、必ず何らかの結果が得られる。課題の達成に向けて積み重ねた努力の一つひとつが、業績という形で結果を生じるのだ。

多くの人は物事を成し遂げようと思い、遠大な理想を抱き、目標を達成する方法を知っているにもかかわらず、目標を達成することができない。なぜか？　不断の努力を怠るからだ。エジソンは「私のどの発明も偶然の産物ではなく、不断の努力によって成し遂げられたものだ」と言っている。

あなたの成功と進歩は、努力した量に比例する。頂点を極めることは、昨日の努力を超えることによって必ず実現できる。

仕事であれプライベートであれ、最高の質を追求するなら、次のことを心に刻んでおこう。あともう少し努力をすることによって、あともう少し向上することができる。あともう少し努力するかどうかが、成否の分かれ目なのだ。

8 励ます

不安を感じながら目標に向かって前進するとき、人はみな、そばで応援してくれる人を必要とする。誰かの励ましがあれば、ベストを尽くす動機づけになるし、心の中に炎を燃やし続けることができるからだ。

身近な人に支えてもらい、「あなたは素晴らしい」と言ってもらえれば、俄然やる気が出てくる。**私たちが人生でもっとも必要としているのは、自分の能力を引き出してくれる人である。**

あなたにとってもっとも有意義な経験のひとつは、誰かの能力を引き出す存在になることだ。身近な人を励まして能力を引き出すきっかけ作りをしよう。励ましは、相手のもっともいいところを引き出すのに役立つ。

どのような状況においても、あなたは周囲の人を励ますことを心がけるべきだ。相手が成し遂げようとしていることに純粋に興味を持とう。励ましの言葉をかけ、相手にポジティブな期待をしよう。そうすることによって、あなたは相手の親友になることができる。

誰にでも苦しい時期がある。ほとんどの人は周囲の人びとに励まされて切り抜けてきた。励ましは心の栄養剤なのだ。

実際、誰かを励ますことによって得られる幸福感ほど素晴らしいものはない。相手を認めてほめることでその人の気分を高揚させることは、自分の気分を高揚させる最高の方法でもある。あなたは、誰かを励ましたときに自分がどのように感じたかを覚えているはずだ。

人はみな、称賛と喝采を待ち望んでいる。だからこそ、あなたは相手を励ましてその人の潜在能力を最大限に引き出す手伝いをすべきなのだ。励ましの言葉は、業績をあげようと努力している人の耳に響き続ける喝采である。

9　情熱を持つ

情熱は、人びとを引きつける磁石のようなものだ。情熱は周囲に伝染し、人びとはあなたといっしょにいることを楽しく思う。

情熱とは、自分のしていることにわくわくすることだ。情熱がなければ、偉大なことを成し遂げることはできない。

多くの人は、情熱に秘められた巨大な力を知らない。その力は周囲の人びとを元気づけ、意欲を高め、勇気を与えるのに役立つ。

自分の中に情熱を湧き上がらせることは、成功への重要な第一歩だ。人生に対する情熱的な姿勢は周囲の人びとに伝わる。誰もが情熱の魅力に引きつけられる。

たとえば、あなたの情熱が一日につき二人にやる気を出させるなら、その二人は別の二人にやる気を出させる。この状況が続けば、一週間で約百二十人に情熱が伝わり、二週間後には約一万六千人、三週間後には約二百万人が情熱にあふれることになる。

情熱は、周囲の人びとの人生に好影響を与える強力な感情だ。では、どうすれば情熱を湧き上がらせることができるのだろうか？　わくわくするような活動にかかわることだ。情熱は、私たち一人ひとりの心の中で火をつけられるのを待っている。情熱は、あなたを行動に駆り立てる心の奥底の感情なのだ。

鉄鋼王アンドリュー・カーネギーが、こんなことを言っている。「情熱は心の刺激剤だ。それはネガティブな影響力を心から追い払い、心の平和をもたらしてくれる。それは思考においても行動においても主体性をはぐくむ」

情熱を感じれば、最善を尽くすことはいとも簡単だ。情熱的になるためには、情熱的に行動することが大切である。情熱の火を燃やして目標達成への道を明るく照らそう。そしてまた、周囲の人びとの道をも明るく照らそう。

実際に成し遂げた小さなことは、
思い描いただけの偉大な計画よりも素晴らしい。

多くの人は、情熱に秘められた巨大な力を知らない。

10 意欲を燃やす

人はみな、人生で何度も失望を経験する。そんなときは、前進し続けるための後押しが必要になる。外部のものに意欲を出させてもらうことも大切だが、意欲を持続させるためには、後押しは内面から湧き上がってくるものでなければならない。

自分で意欲を高めることで、あなたは逆境を乗り越える力を得ることができる。その力は、目標に向かって前進するための燃料であり推進力となる。意欲があるからこそ、私たちが挑戦し続けることができるのである。

意欲とは、自分に対する動機づけのことだ。たいていの場合、あなたの行動は明確な動機に根ざしている。意欲は、目標を達成しようという意志と忍耐力を兼ね備えていることから来る。いったん目標を定めたならば、「なんとしてでもそれを達成する」という不屈の精神、強い決意、自信を持たなければならない。

意欲を高めて確実に目標を達成するためには、イメージトレーニングと自己宣言を通じて自分の願望を心に焼きつける必要がある。効果的なイメージトレーニングは、自分が目標をすでに達成している姿を心の中で鮮明に思い描くことだ。

このテクニックがたいへん有効なのは、潜在意識が現実と想像を区別できないからだ。自分が目標をすでに達成している姿を想像するとき、「必ず目標を達成する」という意欲が心の中に湧き上がり、そのための行動を起こすきっかけになる。

人生のあらゆる分野で卓越するために、今日から行動を起こそう。哲学者ソクラテスはこう言っている。「世の中を動かそうとする者は、まず自分を動かさなければならないのだ」と。

11 粘り強く挑む

十九世紀の半ば、カリフォルニアがゴールドラッシュで沸いていたころ、二人の兄弟が全財産を売り払って西部にやってきた。見込みのありそうな土地を買って金鉱を掘り当てようともくろんでいたのだ。

しかし、何日間も掘り続けたにもかかわらず、金鉱は見つからなかった。兄弟はあっさりあきらめ、道具と土地の権利を売り払い、汽車に乗って故郷に帰った。ところが、その土地を買った男が技師を雇って調査をすると、兄弟が最後に掘っていた箇所からほんの一メートルほど先に金鉱を発見した。もう少し粘り強く掘り続けたなら、兄弟は億万長者になっていたのだ。

粘り強さは、成功をおさめるうえで不可欠な要素である。粘り強さがあれば、状況がいくら厳しくても何度でも挑戦できる。多くの人が目標を達成しそこなう理由は、障害にぶち当たったときに簡単にあきらめるからだ。**偉人と凡人の違いは、あともう少し粘り強く続けるかどうかだ。いつでもすぐに結果が出ると思ってはいけない。粘り強く努力を積み重ねて初めて結果が出るのだ。**

多くの場合、私たちは成功する寸前で夢の追求をあきらめてしまう。夢を追求する前に、最後まで粘り強く努力し続ける決意を固めよう。「絶対に、絶対に、絶対にあきらめるな」という英国のチャーチル首相の座右の銘を心に刻むといい。

ただし、「粘り強さ」と「頑固さ」を混同してはいけない。立ち止まって状況を判断することも時には必要だ。場合によっては別のやり方を試してみる必要があるかもしれない。いずれにせよ、障害を乗り越えるためには、前進し続けるだけの粘り強さが必要だ。夢の追求を長く続ければ続けるほど、自信が湧いてくる。

平凡な才能しかなくても、非凡な粘り強さがあれば、ほとんどのことは達成できる。あきらめそうになったときは、あともう少し粘ろう。まもなく「金鉱」が見つかるはずだ。

12 逆境に立ち向かう

「雨風は材木を強くする」という格言がある。人間も同様だ。逆境にさらされると、人間は強くなる。逆境は永遠には続かない。だが、逆境に屈してしまうと、逆境はいつまでも続く。

自己啓発の大家ナポレオン・ヒルは「すべての逆境には、それと同等かそれ以上に大きな恩恵の種子が含まれている」と言っている。恩恵の種子を見つけるのは難しいかもしれないが、すべての試練には必ず解決策が隠されており、多くの場合、その解決策を実行すれば大きな恩恵を受けることができる。

逆境は日常的なできごとであり、あなたの実力の試金石である。あなたの心の持ち方しだいで、それは障害物にもなれば跳躍台にもなる。こすらなければ宝石を磨くことができないのと同じように、逆境がなければ人格を磨くことはできない。

逆境とは、未解決のチャンスのことだ。すべての問題には解決策があり、いったん解決すれば、それはもはや問題ではない。小さな挫折は、あなたが遭遇する次の試練にうまく対処する能力を高めてくれる。逆境に遭遇したからといって、「これでもう終わりだ」と考えてはいけない。逆境とは、「いったん立ち止まって解決策を考えろ」という意味なのだ。

人はみな、人生で何度も失望を経験する。

多くの人が目標を達成しそこなう理由は、障害にぶち当たったときに簡単にあきらめるからだ。

逆境は永遠には続かない。
だが、逆境に屈してしまうと、
逆境はいつまでも続く。

13 怒りをコントロールする

怒りは強い感情だ。心の中に怒りをためこむことは、ナベにふたをして水を沸騰させたときに大きな圧力が生じるのと似ている。

怒りやすい性質の人は、怒りを発散する健全なはけ口を見つける必要がある。怒りを紙に書き出すことは、心の中の緊張を解きほぐす有効な方法だ。他人の言動に怒りをぶちまける前に、「こんなことに腹を立てて何の得になるのか？」と自問しよう。多くの場合、人びとは怒りを感じると、後先のことをよく考えずに怒りをぶちまけてしまいやすい。

怒りをぶちまけると、人間関係に支障をきたすおそれがある。冷静さを保つことによって、合理的な解決策を考えることができる。怒りに翻弄されるのではなく、怒りをコントロールできる強い人間になることが大切だ。

「怒りをぶちまけるのは当然だ」と感じることがあるかもしれない。しかし長い目で見ると、必ず後悔することになる。相手に怒りをぶちまければ、その時はスッとするかもしれないが、人間関係を台なしにするおそれがある。怒りを感じたときは、「怒りを一瞬こらえれば、百日間の後悔をせずにすむ」という格言を思い出そう。

自分の気持ちを伝える建設的な方法はほかにある。

怒りをぶちまけるよりも、自分の気持ちを冷静に伝えるほうが、おたがいにとってはるかにプラスになる。

怒りをぶちまけたくなったときは、「怒りを感じたときは十数えろ、大きな怒りを感じたときは百数えろ」という格言を実践する必要がある。

14 人格を高める

人格は家の土台のようなものだ。弱い土台の上に頑丈な建造物を建てることができないのと同じように、弱い人格の上に高い評価を確立することはできない。強い人格がないにもかかわらず、高い評価を確立しようとする努力はムダであり、よい結果は得られない。

強い人格の持ち主は、「する」と言ったことは約束の期日までに必ず実行する。信頼できる誠実な人物の証しだ。強い人格の持ち主でないなら、一時的にはごまかせても、遅かれ早かれ人格は見破られる。言動が一致しているかぎり、人びとはあなたを受け入れる。

人はみな、家やコンピュータ、自動車など、なんらかの種類のものを作っている。しかし、自分が作っていることを自覚していないのが人格だ。立派な人格の土台を築くためには、あやふやなことをせず、毅然たる態度を貫いて正しいことをしなければならない。不誠実な態度では高潔な人格を築くことはできない。人格の真の試金石とは、誰にもわからないときにどういうことをするかである。

あなたの日々の思考と言動は、あなたの人格を高めるか損なうかのどちらかである。正直、誠実さ、信頼性を身につけよう。そうすれば、自分に対する世間の評価について心配する必要はなくなる。

15 勇気を持つ

勇気とは、恐怖心を抱いていないことではなく、恐怖心を抱いていても行動する度胸があることだ。

勇気があれば、障害を乗り越える決意が生まれる。潜在能力の発揮を阻んでいる恐怖心を突き止めることによって、その恐怖心をコントロールする勇気を持ち、幸せをもたらす決定をすることができる。

しかし残念ながら、私たちは夢の実現に向かって突き進む前に、挫折をして敗退したときのことを振り返りがちだ。そうなると、勇気を出して前進することが困難になる。大きな試練に直面すると、それを乗り越えるのが難しく思えるかもしれない。しかし粘り続く努力すれば、逆境から学んで成長し、前進し続ける勇気が湧いてくるはずだ。

勇気とは、恐怖心を克服することであり、人生が順調でないときでも耐えることのできる精神を意味する。勇気があれば、ピンチをチャンスに変えることができる。恐怖心と対峙するたびに、あなたは失意を乗り越え、強く成長するための勇気を出している。

逆境に直面したときも、自分の願望をかなえるために夢を持ち続け、勇気を振り絞ろう。勇気があれば、大きく成長することができる。

16 批判にうまく対処する

あなたが何をしようとも、一部の人びとはあなたの努力を批判したがるものだ。そこで、建設的な批判と破壊的な批判の違いを知り、その両方に対処する方法を身につける必要がある。

ほとんどの人は建設的な意見を歓迎する。しかし、破壊的な批判は私たちに悪影響をおよぼす。破壊的な批判を聞くと、自信と自尊心が揺らぎ、自分が無能な人間のように感じる。

批判を聞くときは、それがその人の個人的な見解にすぎないことを心に銘記しよう。**破壊的な批判をする人のそばにいると、自分についてネガティブな考え方をするようになる。**破壊的な批判は有害だ。批判は建設的である場合にかぎり意義がある。

誰かがあなたに対して批判的なことを言ってくるときは、「あなたの感じ方は理解できますが、私はそういうふうには感じません。その理由は・・・だからです」と切り返すといい。破壊的な批判のために、自分が成し遂げようとしていることをあきらめてはいけない。

17 失敗の意味を考える

ある日、エジソンは彼のもっとも有名な発明である白熱電球について、若い記者からこんな質問を受けた。「電球を完成させるのに一年以上も実験し、五千回も失敗したそうですが、そのときはどういうお気持ちでしたか？」

エジソンは記者の顔を見て、こう答えた。「五千回も失敗した？　そんなことはないよ。うまくいかない五千通りの方法を発見するのに成功したんだからね」

エジソンは、失敗を成功への布石と考えて努力を重ねた。週に百時間以上も働き、世界史上もっとも多くの発明をし、生涯に千を超える特許を取得したことで知られている。また、十九世紀末に設立したエジソン電気照明会社は、ゼネラルエレクトリック（GE）という世界最大の総合電機メーカーにまで発展した。

自信を持ち続けるうえでもっとも重要なことは、失敗を前向きにとらえることだ。**失敗したからといって失敗者ではない。**失敗の代償とは、成功の価値を理解するための「授業料」なのだ。何かに挑戦すれば失敗するのは当然である。失敗したことが一度もないとすれば、失敗するだけの価値があることに挑戦していない証しである。本当の失敗とは、挑戦するのをあきらめることだ。

失敗しても絶望してはいけない。失敗は一時的な回り道にすぎず、さらに前進するための起爆剤なのだ。

失敗への恐怖が、行動を起こすうえで障害になることがある。過去の失敗を思い出すと、怖くて前進できなくなるのだ。しかし、後ろを振り返ってはいけない。目標を達成できなかったときは、エジソンと同じように「うまくいかない方法を発見するのに成功した」と自分に言い聞かせるといい。失敗を重ねるたびに、うまくいく方法の発見に近づきつつあると考えるのだ。勇気を出して失敗する人だけが、成功をおさめることができる。失敗の割合を二倍に高めるといい。そうすれば経験が二倍に増え、障害を乗り越える知恵が得られる。

18 失敗への恐怖を乗り越える

作家のマーク・トウェインは「怖れていることをすれば、恐怖心は確実に消える」と書いている。恐怖心は、その人の潜在能力を阻害し、本来ならできるはずのことを不可能にする。実際、恐怖心が目標達成を妨げていることはあまりにも多い。

人間は、わずかふたつの恐怖心しか持たずに生まれてくる。「落下への恐怖」と「大きな音への恐怖」である。それ以外のすべての恐怖心は、後天的に身につけたものだ。

恐怖心は、本当の恐怖と関係ない場合に大きな障害となる。ほとんどの人がもっともよく経験する恐怖心は、失敗への恐怖である。この種の恐怖心は、知らず知らずのうちに成功の可能性をつぶしてしまう。

私たちは恐怖心のために新しいことに挑戦するのをためらい、困難な課題に取り組むのを先のばしにすることがよくある。恐怖心の度合いが大きくなればなるほど、不安の度合いも大きくなり、グズグズして行動を起こしにくくなる。その結果、目標を設定して成功に向かって努力するのがおっくうになる。

失敗への恐怖にとらわれているかぎり、困難な課題に取り組むことができにくくなる。まるで心にブレーキをかけながら人生を歩むようなものだ。

失敗への恐怖について落ち着いて考えることが大切だ。失敗は人生の一部であり、私たちは失敗から多くのことを学ぶ。

心のブレーキを解き放とう。失敗への恐怖に真正面から立ち向かう勇気と決意を持つことが大切だ。

失敗への恐怖が、行動を起こすうえで障害になることがある。

勇気とは、恐怖心を抱いていないことではなく、
恐怖心を抱いていても行動する度胸があることだ。

19 忍耐力を持つ

目標を追い求める過程で障害にぶつかり、目標を見失いそうになることがある。**いくら努力を積み重ねても結果が出ないとき、フラストレーションがたまって途中で投げ出してしまいそうになる。**

たいていの場合、フラストレーションは、目標にかなり近づいている証しである。だが、それまでのやり方を変えて、結果が出るような新しい方法を探す必要があるのかもしれない。

あなたは成功、幸福、財産、知恵の扉を開くカギをすでに持っている。それは忍耐力だ。忍耐力はフラストレーションの反対である。怒りとストレスを避けることができる人たちは、努力の結果をじっくり待つ忍耐力がある。手に入れる価値があるものは、そのために努力をして結果を待つ価値がある。

人はみな、さまざまなフラストレーションを日常的に経験する。人生は不愉快なことで満ちあふれている。しかし、目標の追求に関しては、フラストレーションは問題解決に役立つ刺激剤とみなすべきだ。フラストレーションを乗り越えて目標を追求するためには、忍耐力を身につける必要がある。

もしかすると、それはこの世でもっとも難しいことかもしれない。しかし、ほとんどの成功の大部分は忍耐力によるものだ。「待てば海路の日和あり」ということわざのとおり、できることをすべてしたなら、あとは待つしかない。秘訣は、待ちくたびれないことだ。

目標にかなり近づいているのに、フラストレーションのために視界が曇ることがよくある。目標を追求しているかぎり、目標の達成にどれほど時間がかかるかは重要ではない。フラストレーションにうまく対処してチャンスの扉をこじ開けよう。忍耐力があれば、その扉は必ず開くはずだ。

20 他人のうわさ話をしない

うわさ話は、人から人へと伝わるうちに内容がゆがめられる。結局、うわさ話をした人もされた人も傷つくことになる。他人に対する誹謗中傷は、本人の名誉を傷つけ、人間関係を台なしにする。

他人の悪口を言ってはいけない。**あなたが自分の名誉を守ってほしいと思うように、他人の話をするときは他人の立場に立ってすべきだ。**第三者から他人について聞いた話をするときは、次の三つのことを自問しよう。

・本当か？（その話の内容は本当か？）
・必要か？（その話をする必要があるか？）

・親切か？（その話をすることは親切か？）

どんなに素晴らしい人でも欠点はあるし、どんなに悪い人でも長所はある。他人の悪口を言うのは好ましくない。他人について何もいいことが言えないときは、何も言わないのが一番だ。

あなたがいわれのない誹謗中傷の被害にあっても、自信を失う必要はない。たいていの場合、悪口というのは、自信のない人がするものなのだ。

誰かが他人のうわさ話をしてきても、それにかかわってはいけない。うわさ話はブーメランのようなものだ。あなたがそれにかかわらなければ、それは本人のもとに戻ってくる。

21 欲をかきすぎない

一般に強欲とは、必要以上に多くを求める過剰な欲望のことだ。たいていの場合、それはなんらかのものを獲得したり所有したりしたいという強い衝動になる。強欲は私たちの心の中に無益な競争心を芽生えさせ、他人よりも多くのものを持つように私たちを駆り立てる。私たちは相手より常に優位に立とうとするが、強欲が業績をあげる動機になると、悪意、敵意、利己心、不正直につながる。

強欲は嫉妬と羨望という形をとって表れることが多い。あなたの周囲の誰かが成功をおさめたとき、あなたは、「うまくやりやがった」とか「そんなにたいした業績ではない」という態度をとってはいないだろうか。

嫉妬と羨望は成功の敵である。嫉妬と羨望は反感を生み、反感は自尊心を傷つけて自信を台なしにする。自信を失うと成功の可能性が低くなり、幸せへの道が閉ざされる結果になる。

強欲、嫉妬、羨望は、人を自滅に導く感情である。こういうネガティブな感情をずっと抱いていると、ますますそういう感情を強めることになる。強欲と幸福は両立しない。強欲を捨てないかぎり、幸福を手に入れることは不可能だ。

22 自分を過小評価しない

多くの人は自分で自分を限定してしまっている。**私たちは自分が成し遂げられることを心の中で限定し、最小限の努力しかしようとしない。**私たちが自分について信じていることは、その信念にもとづいて行動しているうちに現実になる。

あなたには、自分でも信じられないくらい非凡な力が秘められている。だから、「自分にはムリだ」と思っていたことでも成し遂げることができる。あなたを限定するのは、あなた自身が心の中に抱いている限定だけだ。古代ギリシャの哲学者プラトンは「最高の勝利は、自分を乗り越えることだ。自分に負けることは、あらゆることの中でもっとも恥ずべきことである」と言っている。

「自分は生まれつき成功しない」というネガティブな信念を乗り越えるかどうかは、あなたしだいだ。これまでの限界を超えるためには、「できない」という表現を排除して「できる」という表現と取り替える必要がある。

私たちは自分を限定してしまう結果、「積極的に何かに挑戦してみよう」という気持ちを持てなくなっている。私たちが潜在能力を発揮できなくなっている原因は、劣等感、不安、疑念、恐怖心だ。しかし、そんなときこそ、フランスの哲学者テイヤール・ド・シャルダンが言った「自分の能力には限界が存在しないかのように前進することがわれわれの義務である」という言葉を思い出そう。

アメリカの探検家リチャード・バードがこんなことを言っている。「自分の中に存在する能力を生きているあいだにすべて使い果たす人はほとんどいない。まったく使われないままになっている強さの井戸がある」

自分のポジティブな資質に意識を向けることによって、あなたはそれを行動に反映するようになる。そうすれば、思い切って物事に挑戦して成功をめざすだけの勇気と強さと自信を持つことができるだろう。

23 間違いに固執しない

業績をあげるためには、まず、過去に犯した間違いに固執するのをやめなければならない。過去に犯した間違いについて考えることによって、あなたは潜在能力を制限してしまうからだ。しかし、それではいけない。あなたは今日から、物事を前向きに考えるようにすべきだ。

間違いを犯したときは、自分のやり方についてのフィードバックだと思うといい。勝利よりも敗北のほうがはるかに多くのことを教えてくれるからだ。間違いから教訓を学んだら、同じ間違いを犯さないよう、あらゆる対策を講じるべきだ。

人生の悲劇のひとつは、完璧でない自分をなかなか受け入れようとしないことだ。私たちは間違いを犯すことを嫌い、もし間違いを犯すと自分をあまりにも厳しく非難しがちだ。**しかし、間違いを犯すことを恐れるあまり新しい挑戦を避けることが、最大の間違いかもしれない。**

間違いは、それを乗り越える過程で学習と成長の機会を与えてくれる。現状の中で改善する必要のある部分を示してくれる。間違いを犯してつまずいたなら、元気を出して立ち上がり、新しい方法でやり直してみよう。犯してしまった間違いではなく、今後の課題に意識を向けることが大切だ。

たいていの場合、悪口というのは、
自信のない人がするものなのだ。

強欲、嫉妬、羨望は、
あなたを自滅に導く感情である。

24 ネガティブな姿勢を取り除く

ネガティブな姿勢は、心身の健康問題とともにストレスの増大につながる。ネガティブな姿勢の原因のほとんどは、ネガティブな考え方をする周囲の人びとにある。ここで大切なのは、自分の姿勢は自分が完全にコントロールできるということだ。言い換えれば、外部のネガティブな姿勢に影響されるかどうかは、あくまでも自分しだいなのだ。

外部から来るものであれ、内面で発生するものであれ、ネガティブな姿勢は排除する必要がある。ネガティブな姿勢のために、成功と幸せが手に入らなくなることが多いからだ。

心を庭にたとえるならば、心の姿勢は種だ。種の種類によって、異なる実が成る。ネガティブな種を植えれば、ネガティブな結果を得ることになる。

ネガティブな姿勢はポジティブな姿勢と置き換えることによって心の外に追い出すことができる。ネガティブな姿勢を持ち続けると、問題に対する建設的な解決策を見つけることができなくなる。ネガティブな姿勢は人生観を暗くし、目標の達成を妨げる。

心の中のネガティブな姿勢を取り除こう。毎日、ポジティブな姿勢を種として植えて心の庭を耕すことが大切だ。

心を庭にたとえるならば、心の姿勢は種だ。
種の種類によって、異なる実が成る。
ネガティブな種を植えれば、
ネガティブな結果を得ることになる。

25 障害から学ぶ

障害が現れると、その陰に隠れたチャンスを見落としてしまいがちだ。目標と夢を追い求めるときに障害にぶち当たると、それだけで目の前がよく見えなくなることが多い。しかし、何を成し遂げるときでも、必ずなんらかの障害が現れることを肝に銘じておく必要がある。

飛行機を想像してみよう。飛行機は気流に合わせて飛行中に何度も軌道を変える。飛行機が目的地に到着するのは、風速の変化のほかに雨や霧のような障害に遭遇したときにパイロットが軌道修正を繰り返すからだ。

あなたも目標に向かって前進するとき、障害に遭遇することがよくあるはずだ。しかしそれは、目標の追求をやめる必要があるという意味ではなく、軌道修正をする必要があるかもしれないという意味だ。

多くの人は最初の障害に遭遇すると引き返してしまう。しかし、障害にぶつかってもあきらめる必要はない。むしろ、障害から何かを学ぼうという姿勢を貫くほうが得策だ。

目標を追求していて障害に遭遇したときは、独創性を発揮して妙案を思いつくための刺激剤にしよう。障害に遭遇して困難な経験をすることは、あなたの眠っていた才能を発見するきっかけになるのだ。

障害に遭遇するたびに、将来の挫折に対する準備ができる。障害に遭遇すると、自分でも気づかなかった強い意志を呼び覚ます必要に迫られるからだ。強い意志を呼び覚ますことができれば、自信が湧いて自尊心が高まる。

障害の向こうにある恩恵に意識を向けよう。自分の目標が挫折を乗り越えてでも追求するだけの価値があるという信念を持つことが大切だ。

26 苦闘を大切にする

ある日、少年が外で遊んでいると、木の葉にまゆが付いているのが見えた。少年はそのまゆを部屋に持ち帰った。数日後、チョウがまゆを破って外に出ようと苦闘し始めた。長くて厳しい戦いだった。少年にはチョウがまゆの中に閉じ込められているように見えた。チョウの動きが止まったことを心配した少年は、ハサミでまゆを切ってチョウを助け出した。

しかし、そのチョウは翼を広げて飛ぶことができず、ただ這い回るだけだった。本来なら、まゆの小さい穴から苦闘しながら出ることによって体液が翼にまで行きわたり、チョウは飛べるようになるはずだったのだ。

この教訓は私たち人間にもあてはまる。**人生は苦闘の連続だが、もし苦闘しなければ、私たちは本来の強さを発揮することができなくなる。**苦しい思いをするのは誰でも嫌だが、苦闘は成長の機会でもある。自分の人生を切り開く人は、逆境が人格を鍛えることを理解し、苦闘を歓迎する。

ほんの少しの努力で成し遂げられることばかりしてきたなら、あなたは今以上に成長することはないだろう。チョウの苦闘が翼に強さを与えるのと同じように、あなたの苦闘も強さを獲得するうえで必要なのだ。

成否の分かれ目は、ピンチの瞬間に来る。困難に直面したとき、あなたは前進し続けなければならない。そうすることによって初めて、挫折を乗り越えて飛躍する能力が発揮できるのだ。

27 状況をすなおに受け入れる

人はみな、その人なりの試練や不幸を経験する。幸せで平穏な生活を送っている人は、トラブルに気をとられるあまり人生の他の分野にまで悪影響をおよぼすようなことはしない。そのことばかり気にしていると、それがますます深刻な問題になることを知っているからだ。彼らは不要な心配をせず、試練をうまく乗り切る建設的な方法を考える。

たとえてみれば、日常生活のトラブルは小石のようなものだ。小石を目の前に近づけると、それしか見えなくなる。適当に離して眺めれば、よく見えてくる。足元に置けば、その本質がわかる。しょせん、それは少しつまずく程度のものなのだ。

カルヴィン・クーリッジ大統領は「十個のトラブルが道の向こうからやってくるのが見えても、そのうちの九個までが途中で溝に落ちる」と言っている。自分が予想しているトラブルの大多数は実際に発生しないか、たとえ発生しても簡単に対処できるという意味だ。

問題や挫折に遭遇したときは、状況を冷静に見つめることが大切だ。ときには、その状況をすなおに受け入れる必要がある。そうすることによって、それにうまく対処して、場合によってはそこから何かを学びとることができる。

最悪の状況であっても、ポジティブな面を探し出すことは可能だ。解決策を見つけて、その恩恵を得よう。問題をいつまでも引きずるのは、何の役にも立たない損なやり方である。人生の幸・不幸は、出来事そのものよりも、それに対してどう向き合うかに大きく左右される。

ほんの少しの努力で成し遂げられることばかりしてきたなら、
あなたは今以上に成長することはないだろう。

世の中を動かそうとする者は、
まず自分を動かさなければならない。

――ソクラテス

人間のあらゆる行為に努力と結果があり、
努力の大きさにふさわしい結果が生じる。
――ジェームズ・アレン

私のどの発明も偶然の産物ではなく、
不断の努力によって成し遂げられたものだ。

――エジソン

エジソンは、若い記者から質問を受けた。
「電球を完成させるのに一年以上も実験し、
五千回も失敗したそうですが、
そのときはどういうお気持ちでしたか？」

エジソンは記者の顔を見て、こう答えた。
「五千回も失敗した？　そんなことはないよ。
うまくいかない五千通りの方法を
発見するのに成功したんだからね」

ワシの子は自分がニワトリだと思い込み、
ニワトリのまねをして暮らした。
ある日、ワシの子は空を見上げると、
大きな鳥が空を舞っているのに気づいた。
ワシの子が「あれは何？」とたずねると、
メンドリは「ワシだよ」と答えた。

ワシの子が「僕もあんなふうになりたい」と言うと、
「それはムリだ。お前はニワトリなんだから」と言った。
ワシの子はうなだれて「そうだね」とつぶやいた。

結局、ワシの子は大きくなっても、
自分がワシであることに気づかず、
「自分は飛べない」と思い込み、
大空をはばたくことなく生涯を終えた。

絶対に、絶対に、絶対にあきらめるな。

——チャーチル

昨日の自分を超える努力を継続するなら、
成功者になるのは時間の問題だ。

28 さらにもっと努力する

女子大生が学位論文の取材のために実業家のもとを訪れ、「成功の秘訣は何ですか？」と質問した。実業家はじっくり考え、「簡単に言えば、さらにもっと努力することだね」と答えた。「成功者とその他大勢の違いは、まさにそこなんだ。成功者は責務をまっとうするだけでなく、さらにもっと努力するものなんだよ」

実業家は椅子から立ち上がり、女性をドアまでエスコートした。彼女がお礼を言うと、実業家はこう付け加えた。「これだけはよく覚えておきなさい。何をするにしても、期待されていることをするだけでは不十分だ。成功しようとするなら、さらにもっと努力する必要がある」

昨日の自分を超える努力を継続するなら、成功者になるのは時間の問題だ。自分が取り組んでいることで卓越した業績をあげることによって初めて、人生における本当の成功が可能となる。卓越性を追求しなければ、あなたは自分の能力を十分に発揮することができず、たいした業績をあげることはできない。卓越性の追求は決して妥協しないことであり、それは成功者に共通する特徴だ。

卓越性の追求とは、すべきことを、すべきときに実行するように心がけ、自分が取り組む課題に対して、さらにもっと努力することである。自分の人生のあらゆる分野で向上するようたゆまぬ努力をしよう。卓越性の追求は自尊心を高め、自己イメージを改善し、自信を深め、自分の人生のあらゆる分野を向上させる。

本物の成功者をよく見ると、自分に対して高い基準を設定していることに気づくはずだ。**本物の成功者は、人と同じことをしているだけではその他大勢から抜け出せないことを知っている。**本物の成功者は自分の能力を百パーセント発揮するだけでなく、さらにもっと努力をすることを心がけている。

29 目標を設定する

私たちはみな、目標を設定することの大切さを何度も聞かされている。にもかかわらず、目標を設定する習慣を持っている人がこれほどまでに少ないのは、いったいどういうわけだろうか?

成功者は明確な目標を設定し、その実現に向けて粘り強く努力する。目標を設定しなければ、努力のしようがない。明確な目標を持っているのは、ごくわずかな人たちだけだ(研究によると総人口の10パーセント程度しかいない)。

目標を確実に達成する人は、目標を書きとめ、それを何度も参照し、目標を達成する明確な計画を立てる習慣を持っている。イェール大学の卒業生を対象におこなわれた調査が、目標設定の力を実証している。「目標を紙に書きとめて、それを達成する計画を立てていますか？」という問いに対し、「はい」と答えたのはわずか3パーセントだった。**十年後の追跡調査で、その3パーセントの人たちは残りの97パーセントの人たちよりも経済的にも職業的にも成功していた。**

人生で明確な目標を持つことは、たいへん重要である。達成すべき目標がないなら、自分がどこに向かっているかを判断する材料がない。目標が大切なのは、それがあれば目的意識を持つことができるからだ。目標の達成に伴う挑戦は、成長を促してくれる。成長目標を達成すれば、達成感を得ることができる。

目標を達成できない主な原因のひとつは、途中で遭遇しそうな障害のことが気になるあまり、行動を起こす前にあきらめてしまうことだ。しかし、それではいけない。今日から明確な目標を設定し、それを紙に書きとめよう。目標の達成がどれだけ困難か心配する必要はない。いったん目標を設定したら、それを達成するためにひたすら邁進することが大切だ。

30 よい習慣を身につける

あなたが自分の思考と行動を通じて繰り返ししていることは、やがてあなたの習慣になる。あなたにとって習慣は、最大の敵にもなれば最高のしもべにもなる。

「人間はみな、習慣の生き物だ」という格言のとおりだ。

習慣とは、特定の行動を何度も繰り返しているうちに第二の性質となったものである。**いったん習慣が身につくと自動的に反応するようになり、それについてあまり考えなくなる。**

習慣は、それが人生を豊かにしてくれる場合にかぎり善である。したがって、自分を破滅に導くおそれのある習慣があれば、それに気づいて即座に取り除く必要がある。あなたは好ましくない習慣をやめる意志の力を発揮し、自分にとって有益な習慣を身につけなければならない。

その気になりさえすれば、習慣は変えることができる。大切なのは、自分が悪い習慣を持っていることを認め、それを変える決意をし、その決意を実行することだ。

習慣は良いものも悪いものも時間の経過とともに強くなる。シェークスピアはいみじくも、「まず、人間が習慣をつくり、次に習慣が人間をつくる」と言っている。

あなたの有害な習慣は何だろうか？　自分にとってなんのプラスにもならない習慣を取り除こう。そして今日から勝者の習慣を身につける努力を開始しよう。自信にあふれ、ポジティブになり、勇敢に考えて行動する習慣を身につけることが大切だ。

31 正直に徹する

正直はもっとも貴重な財産のひとつである。正直とは、人との付き合いで公明正大であるということだ。

正直は、人生の成功の基盤だ。人生で成功をおさめるためには、仕事や人間関係で正直でなければならない。人にウソをつきながら毎日を送るよりも、正直に生きるほうがはるかに楽だ。多くの人は不誠実な行動によって自分の人生を台なしにしている。

「正直は最善の策である」ということわざがある。これは真理だ。正直であれば成功をおさめることができるが、正直でなければ成功をおさめることはできない。

他人が正直かどうか、どうすればわかるか？　不正な手段で利益を得るという誘惑に屈せず、いかなる状況下でも道徳的に正しいことをするかどうかを見ればいい。

不道徳な行動をすると、それは不名誉や汚辱という形で必ず自分に返ってくる。常に正直であることを心がけよう。正直であることを忘れれば、自分の評判をおとしめることになる。古い格言にあるとおり、恥ずべきことがなければ、弁解する必要はない。正直とは、あらゆる状況下で自制心を働かせることだ。

人生の成功は知性だけによるものではない。それは道徳的な資質にも左右される。人との付き合いの中で、正直で信頼される人間であることを心がけよう。そういう素晴らしい資質を身につければ、人びとはあなたを信頼する。信頼されるかどうかが、人生の成功の大きなカギになる。

多くの人は、不誠実な行動によって
自分の人生を台なしにしている。

大切なのは、自分が悪い習慣を持っていることを認め、
それを変える決意をし、その決意を実行することだ。

32 よい影響だけを受ける

昔、道ばたでホットドッグを売っている男がいた。目が悪かったので新聞を読まず、耳が遠かったのでラジオを聴かなかったが、一生懸命に働いて商売を繁盛させていた。

やがて、大学生の息子が父親の手伝いをするようになった。息子が「報道によると、最近は不況らしいよ」と言うと、父親は心の中で思った。「息子は大学で学んでいるし、マスコミ報道を理解できるから、きっと正しいにちがいない」

父親は商売に力を入れなくなり、売り上げは激減した。父親は息子に言った。

「お前の言うとおり、最近は不況だ」

目標に向かって努力しているとき、あなたはまず自分を信じなければならない。私たちは家族や友人を含めて周囲の人びとにたいへん影響されやすいので、ネガティブな影響を排除し、ポジティブな影響だけを受けるようにすべきだ。ネガティブな考え方をする人の言うことに耳を傾けていると、自分もネガティブな考え方をするようになり、目標を達成できなくなるおそれがある。

周囲の人びとが自分の考え方にどういう影響をおよぼしているかをしっかり把握しよう。古代ローマの格言に「のろのろ歩く人と暮らしていると、自分までのろのろ歩くようになる」というのがある。周囲の人びとと同じようにのろのろ歩いているうちに、成功の可能性が台なしにしてしまわないように気をつけなければならない。

33 自分の能力に気づく

西部の開拓時代、アパッチ族が騎兵隊を襲撃して金庫を奪った。彼らはそれまで金庫を見たことがなかったが、中に金塊があることは知っていた。だが、ひとつだけ問題があった。金庫の開け方がわからないのだ。金庫を火であぶったり、川の中に浸したり、つまみを石で叩いたりしたりしたが、うまくいかなかった。アパッチ族はついにあきらめ、金庫を捨てて立ち去った。

その後、騎兵隊が金庫を発見してダイヤルを合わせたところ、数秒で扉が開いて中の金塊がそのまま見つかった。

多くの人はこの金庫と似ている。**あなたの中には偉大な潜在能力が眠っているのだ。まずすべきことは、その能力を発揮する方法を見つけることだ。**

それが見つかれば、自分を限定している思考を追い出す必要がある。それにはポジティブな言葉を自分に投げかける練習をするといい。

毎日、あなたは自分の中に眠っている素晴らしい潜在能力の存在を確信すべきだ。心の中に巣くっている心配、恐怖、絶望を追い出し、自信、決意、情熱、野心を持とう。そうすれば、それまで使われなかった潜在能力を発揮することができる。

ハーバード大学の心理学者ウィリアム・ジェームズ教授は「われわれは肉体的・精神的な能力のほんの一部しか使っておらず、すべての能力を発揮したときに比べれば、半分寝ているようなものだ」と言っている。まさに、そのとおりだ。

あなたの潜在能力を限定するのは、あなたが自分に対して抱いている信念だけだ。あなたの信念は、未来のあなたを決定する。自分の中に眠っている潜在能力を掘り起こそう。そうすれば、あなたは世の中に大きく貢献できることを発見するだろう。

目標に向かって努力しているとき、
あなたはまず自分を信じなければならない。

34　自尊心を高める

自尊心を高めるための九つの方法を紹介しよう。

1　**学び続ける。**毎日、新しいことを学ぼう。新しい同僚の名前でもよい。

2　**友人を注意深く選ぶ。**自尊心を高めてくれる人や尊敬できる人と人間関係を構築しよう。精神的に悪い影響をおよぼす人といっしょに過ごしてはいけない。

3　**スキルを磨く。**自分がうまくできることを毎日しよう。どれほど些細なことに思えても、何かを達成すれば自尊心が高まる。

4　**自分を変える。**自分の嫌な部分を変えよう。絶対にあきらめてはいけない。自分の嫌な部分を変えれば自尊心が高まる。

5　**自分に対してポジティブに語りかける。**自分に対して親切になろう。心の中で自分のミスをあげつらうのではなく、よりよいやり方があったことを認め、今度はそのやり方でしようと決意する。

6　**思いきる。**リスクをとろう。たったひとつの勇気ある行為が、自尊心を高めるための第一歩となる。

7　**冷静になる。**ミスを犯すことは大惨事ではない。精一杯努力するかぎり、自分は失敗者ではないことを心に銘記する。

8　**現実的になる。**実現できる範囲内で困難な目標を設定しよう。どれほど小さくても、目標を達成することによって自尊心を高めることができる。

9　**運動をする。**有酸素運動は健康を増進し、生命力をわき上がらせる効果がある。体を動かして心身をリフレッシュすることは、人生の他の分野にも波及し、肉体だけでなく仕事や人間関係にもポジティブな影響をおよぼす。

35 自分を高める

二人の木こりがいた。一番目の木こりは満身の力をこめて木を切った。休憩も昼休みもとらず、できるだけ多くの木を切るために全力を注いだ。朝は誰よりも早く働き始め、夕方は誰よりも遅くまで働き続けた。

他の木こりたちは、彼があまりにも速く木を切ることに驚嘆した。しかし一日が終わるころには、二番目の木こりのほうが多くの木を切っていた。一番目の木こりほど懸命に作業をしていたわけではないし、休憩を何度もとっていた。

一番目の木こりは二番目の木こりに歩み寄って質問をした。「君はどうやって僕よりも多くの木を切るんだね？　僕のほうが朝から晩まで長時間一生懸命に働いているはずなのに。もしよければ、君の成功の秘訣を教えてくれないかい？」

二番目の木こりは一瞬考えて言った。「成功の秘訣なんてとくにないけれど、これだけは間違いない。どれだけ作業が忙しくても、僕は時間をとって斧を研ぐようにしているんだ。斧がよく切れれば、より少しの労力でより多くの木を切ることができるからね」

この寓話でいう斧を研ぐという作業は、自分を高めるということだ。**私たちは時間をとって自分の人生のすべての分野で自分を厳しく見つめなければならない。**「汝自身を知れ」というソクラテスの言葉は、そういう意味だ。改善する必要のある分野が見つかれば、それを改善する。それが自分を高めるための第一歩なのだ。

自分を高める方法はいくつかある。ひとつの方法は、成功哲学の本を読みあさることだ。世界の偉大な思想家と指導者は、成功をおさめる方法を本に書いている。自分を鼓舞してモチベーションを高める本を読むことは、成長のための起爆剤になり、ひいては偉大な業績をあげる原動力になる。自分の心に栄養を与えることは、時間とお金の最高の投資なのだ。

36 時間をうまく使う

成功のカギを握る大切な要素のひとつは、時間をうまく使うことだ。時間のへたな使い方は失敗の原因になることが多い。時間の意識を身につけることは、自分にとって最も重要なことをするための時間をつくることにつながる。

たいていの場合、成否の分かれ目となる要因は、「時間がなかった」という言葉に集約される。自分の人生を切り開くためには、時間をしっかり管理する必要がある。

したいことをする時間が十分にとれないと感じることがよくある。実際、次から次へと新しいことが出てくるものだ。こういう状況に直面したら、時間管理の達人になる必要がある。**時間管理とは、要するに人生を管理することなのだ。**

毎日、課題をリストアップする習慣を身につけよう。それを前日の晩か当日の朝一番に書き上げ、それぞれの行動に優先順位をつけるといい。最優先課題から始めて、それを最後までやり遂げ、そのあとで次の課題に取りかかる。リストにあるすべての課題を終えることができなくても、心配する必要はない。少なくとも、最も重要ないくつかのことはやり遂げることができたはずだ。このリストは重要な課題に意識を集中し、重要でないことに時間を浪費しない効果がある。

時間をうまく管理するためのもうひとつの方法は、あなたの時間を浪費させる人を避けることだ。あなたが目標を達成するうえで、そういう人は妨げになる。また、一日の途中で立ち止まって、「自分は今、目標に近づくための行動をしているだろうか?」と自問することも大切だ。先のばしをする癖があるなら、すぐに直す必要がある。「そのうちしよう」と考える傾向があるなら要注意だ。

明日の成功は、今日の計画の結果である。計画をしそこなうのは、しそこなう計画をするようなものだ。時間を増やすことはできないが、時間の価値を増やすことならできる。うまく時間を管理する成功習慣を身につけよう。

37 バリバリ仕事をする

ほとんどの組織に、次の四種類の人間がいる。

1　夢想家タイプ。誰かが仕事を代行してくれることを願って勤務時間の大半を過ごす。労働に時間を使えば多くの仕事ができるのだが、それをしない。

2　理論家タイプ。する必要のある仕事について話しているばかりで、実際には何も仕事をしない。

3　皮肉屋タイプ。周囲の人たちのしていることを批判するのが大好きで、自分は真面目に仕事に取り組まない。

4　仕事人間タイプ。生産性が高くて仕事をバリバリする。仕事が大好きで、経営者や同僚に対して不平を言わず、ひたすらチームプレーに徹する。

起きている時間の三分の一以上を仕事に使っているという事実を直視しよう。仕事ができる人とは、仕事に徹する人のことだ。彼らは自分のしていることを「仕事」とは考えず、最高の状態で情熱を傾けて楽しみながらする活動だと考えている。

最高の状態で働いていない人がひとりでもいると、組織全体の仕事の質が損なわれる。働くことの幸せは、自分が楽しんでできることをすることから来る。もし働くことが楽しくないなら、変化を起こすべき時かもしれない。もし働くことが楽しいなら、最高の状態で働くようにしよう。あなたは組織の成功にとって重要な一員なのだ。

もし働くことが楽しくないなら、
変化を起こすべき時かもしれない。
もし働くことが楽しいなら、
最高の状態で働くようにしよう。

38 希望を持つ

その昔、帆船が激しい嵐に見舞われて遭難した。乗組員の中で生き残ったのは、わずか一人だった。小さな無人島に漂着したあと、毎日のように浜辺で船が来て救出してくれるのを待ったが、何も起こらなかった。

彼は簡単な小屋を建て、薪などを準備して暮らした。ある日、食料探しをしていたときに小屋のほうを見ると煙が上がっていた。あわてて戻ったところ、小屋はすでに燃えてしまっていた。

少しがっかりしたが、すぐに気を取り直して新しい小屋を建てることにした。がんばって作業をしたかいがあって、前の小屋よりも素晴らしい小屋が出来上がった。その原動力になったのは、「いつか誰かが助けに来てくれる」という希望である。その晩、彼は無人島で快適に暮らすための建設的な方法を考えた。

翌朝、早く起きて浜辺に出かけると、一隻の船が見えた。船長に会って、「なぜここに人がいることがわかったのですか？」とたずねたところ、船長は「昨日、煙が上がっているのが見えたからだよ。しかし、潮の流れが逆で島に近づけなかったので、朝まで待って漂流者を救出することにした」と答えた。

希望は、やがて訪れるチャンスを楽しみにして待つための心のともし火である。希望は、試練と逆境のときにあらゆる可能性を試してみる心のエネルギーである。希望は、前進し続けるための心の起爆剤である。

希望があれば、失意のときでも計画を続行する力が生まれる。最悪の事態におちいったように見えることもあるかもしれないが、希望にあふれた心は「もうすぐ事態は好転する」と信じることができる。

失敗に直面したとき、災難に襲われたとき、失意に沈んでいるとき、心の支えになるのは希望だけである。希望があるかぎり、あなたの心の中のともし火は燃え続け、偉大な可能性を探求することができる。

39 親切心を持つ

ある寒い日、裕福な貴婦人が人びとの親切心を調べることにした。顔をショールで覆い、薄汚れた服を着て乞食に変装し、家々を訪ねて回ったところ、罵声を浴びせられるばかりだった。しかし、親切にしてくれた家が一軒だけあった。その貧しい家の主人は乞食を温かい部屋に招き入れ、温かい食べ物を与えた。

翌日、貴婦人は、前日に訪れた人びとを邸宅の大広間に招待した。指定されたとおりに着席した人びとを前に、貴婦人は「目の前のお皿の上には、昨日、みなさんが乞食に与えたのと同じものが置かれています」と説明した。どのお皿の上にも何も置かれていなかったが、乞食に親切にした貧しい家の主人の前には温かい食べ物が用意されていた。

私たちが他人のことをもっと思いやる気持ちを持てば、世の中は変わるのではないだろうか？　親切な言動をするたびに10セントをもらい、不親切な言動をするたびに10セントを払うなら、あなたは金持ちになるだろうか、貧しくなるだろうか？　他人に親切にすることは、私たちが簡単にできるもっとも充実感の得られる行為である。

親切は、それをした人に必ず戻ってくる。あなたが他人に対してすることは、自分に戻ってくるのだ。

人に親切にすることによって、あなたは心の中で大きな満足感を得ることができる。親切な言動で他人の人生を少し明るくして得られる喜びにまさるものはない。親切にしてもらった記憶はかなり長く残る。友人や配偶者、同僚、見知らぬ人に親切にしよう、今日、親切な言動を通じて他人の心を明るく照らそう。ろうそくは別のろうそくに火を灯しても、それ自身の明るさを失うことはない。

親切な言動をするたびに10セントをもらい、
不親切な言動をするたびに10セントを払うなら、
あなたは金持ちになるだろうか?
貧しくなるだろうか?

40 ポジティブ思考を心がける

あるビジネスマンが新聞を買うために売店に立ち寄った。彼は店員に礼儀正しく接したが、店員は何も言わずに無愛想な態度で新聞を差し出した。するとビジネスマンはにっこりとほほ笑んでお金を払い、お礼を言いながら新聞を受け取って立ち去った。

その様子をはたで見ていた人が「店員があんなに無愛想なのに、なぜ客であるあなたは愛想よく振る舞うのですか？」とたずねると、彼はほほ笑みながらこう答えた。「相手がどんなにネガティブな態度をとっても、私はポジティブな態度を貫くことをモットーにしています。相手がネガティブな態度をとるのは、相手の自由ですが、私がポジティブな態度を貫く自由を奪う権利は誰にもありません」

ポジティブ思考は一時的な考え方というよりは生き方の問題である。ポジティブ思考は、人生に対してポジティブな見方をする能力を意味する。それがひいてはポジティブな行動につながり、ポジティブな結果を生む。

ポジティブ思考はネガティブ思考よりはるかに健全な心の持ち方である。ポジティブな人生観を持っている人は、世の中を素晴らしい場所だと考え、周囲の人や状況のよい部分を積極的に見つける。ポジティブ思考をする人は、自分にとってプラスになる心の持ち方をするように心がけている。エマーソンは「心が健全かどうかは、あらゆる局面でよい部分を見つけるかどうかでわかる」と言っている。**言い換えれば、幸せは偶然やってくるものではなく、自分が心の持ち方を選ぶことによって感じるものなのだ。**

ポジティブ思考は、現実をごまかすための言い訳ではない。それは人生で遭遇する障害の存在を否定するのではなく克服するための方法なのだ。ポジティブ思考をする習慣を身につければ、現代社会に蔓延している悲観主義と縁を切ることができる。

41 勝利をおさめる

成功する人は、自分の才能を発揮して勝利をおさめるだけの明確な資質を備えている。その資質とは次の十個だ。

1 **いっしょにして楽しくなるほどの情熱**
2 **ポジティブな心の姿勢**
3 **自分を信じる気持ち**
4 **自分の強みを生かそうとする気構え**
5 **卓越性を追求する向上心（ただし完璧主義におちいってはいけない）**
6 **困難を乗り越えて業績をおさめる粘り強さ**

7　**自分を甘やかさずに厳しく自分を律する態度**

8　**周囲の反対にもめげずに願望を実現する精神力**

9　**あらゆる失敗にはそれと同じだけの恩恵が隠されていると考える楽天主義**

10　**苦しいことがあっても目標を達成しようという決意**

「自分は成功者に共通する資質を備えているだろうか？」と考えてみよう。答えがノーであっても心配する必要はない。その資質を身につけるよう、これから努力すればいいのだ。

42 チームワークを大切にする

工場長はある従業員のことで問題を抱えていた。その従業員はいつも自分だけのことを考えているようで、工場の中で一人だけ浮いた存在だった。週に一回の会議の場でも、生産性の向上や環境の整備について自分の意見を言おうとしなかった。グループで取り組むプロジェクトでも、同僚の助けを借りずに一人で黙々と作業をすることを好んだ。

ある日、工場長はその従業員をオフィスに呼んで話をした。「君をここに呼んだのは、チームワークの大切さについて知ってもらいたかったからだ。われわれの仕事の効率性は、最高の品質の製品ができるようにチーム全員が一丸となって取り組むかどうかに左右される。この目標を達成するためには、一人ひとりが単独で仕事をするのではなく多くの人が協力することが不可欠なんだ。チームワークがあれば会社は強くなって成長を維持し続けていくことができるが、みんながバラバラだと目標を達成することができずに業績が落ち込んでしまうんだよ」

チームワークとは、共通のビジョンに向かっていっしょに突き進む能力のことだ。どの組織でも協調性がチームワークを可能にし、成功に必要な団結力を生み出す。この団結力は、組織全体が効率よく機能するうえで絶対に欠かせない要素だ。

グループ全体で努力すれば、一人ひとりがバラバラで成し遂げるよりもはるかに多くのことを成し遂げることができる。チームの全員が最善を尽くして課題を成し遂げれば、全員が勝者のように感じることができる。

チームワークを通じて活気のある職場をつくろう。全員で力を合わせて働くことは、いっしょに勝つことを意味する。自分の才能を他のメンバーと分かち合って、全員の勝利に貢献しよう。

43 変化を受け入れる

多くの人は「壊れていないのなら直す必要はない」という格言に賛成するかもしれない。しかし、うまくいっていると感じているときですら、さらにその先を見、ポジティブな変化を起こせば将来的によりよい機会に恵まれると信じる必要がある。

人生を有意義なものにするためには、変化に適応する能力を養うことが大切だ。しかし実際には、変化は未知の要素を含んでいるために不安を感じてしまいやすい。変化に直面すると、私たちは自分が持っていたものを振り返り、それを失うことを恐れるあまり、将来の機会を心待ちにしようとしない。

たいていの場合、変化はリスクを伴う。快適空間から飛び出して未知の空間に足を踏み入れなければならないからだ。しかし、いつまでも変化を避けて通ることはできない。変化を受け入れよう。そうすることによって成長し、新しい経験をすることができる。

人生の変化にうまく対処するためには、まず変化を試練として受け入れ、快適空間から飛び出す必要がある。快適空間とは、もっとも慣れ親しんで心地よく感じる活動や人間関係のことだ。この想像上の空間から出ることによって、抵抗や恐怖や不安を感じるかもしれない。しかし、いったんこれらの感情を克服し、狭苦しい境界を越えることができれば、新しい機会が待ち受けている。あなたはわくわくするような経験をし、「これこそがそれまでずっと探し続けてきたことなのだ」と気づくだろう。

44 ネガティブな予想をしない

あなたが予想するものが何であれ、それを強く確信すると、たいていの場合、それは現実になる。なんらかの結果を予想すると、それが現実になるような行動をするからだ。まるで自分の占いをして、自分でそれを現実にしているようなものである。**人生で何を求めるかではなく、自分で何を予想しているかが人生を決定するのだ。**

あなたは誰かが悪い結果に失望しながら、「どうせ初めからこうなると思っていた」と言うのを聞いたことがあるはずだ。また、「毎年、この時期に体調をくずすので困っている」という発言を聞いたこともあるだろう。その結果、どうなるか？　その人は毎年、同じ時期に体調をくずして困るのである。

悪いことが起こると予想し、それを確信すると、たいていの場合、そのとおりになる。逆に、「自分は必ず成功する」と予想し、それを確信すると、たいていの場合、成功する。

多くの人を観察していてわかることだが、たとえ本人がどれほどすぐれた能力を持っていても、ネガティブな予想をしているかぎり、自分でそれをくつがえして大きな業績をあげることは決してできない。大きな業績をあげる人は、自分に自信を持ち、ポジティブな予想をし、「自分は必ず成功する」と確信している。

ポジティブな予想をし、「どの分野でも自分は成功するのだ」と確信しながら毎日をおくろう。「自分はできる」と予想し、その確信にもとづいてしっかり行動すれば、それは現実になる。

45 楽天的になる

ある男が妻と自家用車で旅に出かけ、ガソリンスタンドに立ち寄った。店員がフロントガラスを拭き終わると、男は「まだ汚いから、もっときれいに拭いてくれ」と言った。店員がふたたびフロントガラスを拭いて料金を請求したところ、男は「まだ汚い。君はフロントガラスの拭き方も知らないのか！」と腹を立てた。すると助手席に座っていた妻が夫のメガネを取ってティッシュで拭いた。夫はふたたびメガネをかけると、フロントガラスがきれいになっていることに気づいた。

あなたは世の中を眺めるとき、どんなメガネをかけて見ているだろうか？

朝起きたときに「やれやれ、今日もまた嫌な一日になりそうだ」と考えるか、「さあ、これから素晴らしい一日が始まるぞ」と考えるか、どちらだろうか？

一日の見通しが悲観的だと、不愉快な一日を経験する結果になりやすい。それに対し楽観的な見通しを持っていると、愉快な一日を過ごせる可能性が高くなる。

悲観主義者は最悪の結果を予想し、障害にぶち当たるとすぐにあきらめる。それに対し楽観主義者は、どのような状況に遭遇しても前向きな見方をし、問題を解決して目標を達成するために全力を尽くす。

多くの人は楽観主義者を「おめでたい人」とみなすようだが、それは真理ではない。楽観主義者は、自分たちが不条理な世の中に生きていることを認めつつ、うまくいっている部分に意識を向ける。そして挫折や悲劇や障害を受け入れ、そこから教訓を学びとり、試練をみごとに乗り越える。

楽観主義は心身の健康を増進し、仕事と人生の成功に大きく貢献する。あなたは自分の思考と一致する人や環境を引き寄せる。悲観的な思考で心の中がいっぱいになっていると、ネガティブな人や環境を引き寄せるが、楽観的な思考で心の中を満たすと、ポジティブな人や環境を引き寄せる。どちらの思考も驚異的な正確さで現実になる。

46 成長する

竹の種子が地上から芽を出すには長い年月が必要になる。最初の四年間、目に見える成長はない。しかし、五年目でようやく地上から芽を出すと、わずか六週間で三十メートルくらいにまで伸びる。

専門家によると、竹は最初の四年間で地下茎を張りめぐらせ、それを土台にしてわずか六週間で高さ約三十メートルの頑丈な竹が成長するという。ではここで質問しよう。竹が三十メートル伸びるのに要した期間は四年だろうか六週間だろうか？

人間の成長も竹の成長と似ている。短期間で急成長を遂げるように見えることがあっても、じつはそうではない。その人のそれまでの地道な努力が急成長を可能にしているのだ。

成長するためには、自分が慣れ親しんできたものを捨てて、未知のものを追い求めなければならない。古い習慣と信念にいつまでもしがみついていても、潜在能力をぞんぶんに発揮することはできない。すでに習得したものを超えて何かに挑戦しないかぎり、成長はありえないのだ。

日々の生活の中で試練に直面したときは、それを成長の糧にすべきだ。今度、難しい状況に遭遇したら、「よし、これでもっと成長できる」と自分に言い聞かせよう。そういう前向きな姿勢を維持すれば、どのような経験からも教訓を得て成長し続けることができる。

47 知識を活用する

「知は力なり」という格言がある。しかし正確さを期すならば、「知の応用は力なり」と表現すべきだ。大切なのは、知識を詰め込むことではなく、それをどのように使うかである。言い換えれば、結果を出せるかどうかは、知識そのものよりも知識の使い方がカギを握るということだ。

知識は、自分と他の人たちの人生を豊かにするような方法で使わなければならない。あなたは人生の少なくとも一つの分野で卓越した能力を持っている。ところが複数の研究によると、平均的な人は能力の5パーセント以下しか使っていないという。

成功するための豊富な知識を持っていながら、それを活用している人

がこんなにも少ないのはなぜだろうか？　人生のあらゆる分野で成功をおさめるための情報がこれほどまでに氾濫している時代はかつてなかった。にもかかわらず、統計によると、平均的な人は年間一冊も本を読まず、大半の人（58パーセント）は高校を卒業してからノンフィクションの本を一冊も読破していないという。

ノンフィクションの本を読み、読書によって得た知識を積極的に活用することが大切だ。生涯学習に徹し、賢く考え、知識をうまく使い、自分と他の人たちの人生を豊かにしよう。

48 明確な目的を持つ

奇妙なことのように思えるかもしれないが、自分が人生で本当に手に入れたいものをよく知っている人はごくわずかしかいない。ほとんどの人は現状に満足していないのだが、具体的にどうすればいいのかわかっていない。「あなたが手に入れたいものは何ですか？」とたずねると、あいまいな答えしか返ってこないのが実情だ。人生の本当の目的を決めていないために、道に迷い、失望しながら人生をさまよい歩くはめになる。

多くの人が人生で失敗するのは、能力や知識、勇気が足りないからではなく、明確な目的に向かってエネルギーを注がないからだ。人生の目的を明確にすることによって方向性が生まれる。明確な目的を持てば、未来に対して情熱的になることができる。人生の目的を明確にするためには、次の三つの質問を自分にするといい。

1　自分は人生で具体的に何を手に入れたいのか？　自分がわくわくすることは何か？　朝早く起きて一生懸命に働き、一日中心から楽しめる対象は何か？

2　自分と周囲の人たちの人生を豊かにするためにできることは何か？　世の中をよりよい場所にするために自分はどういう貢献ができるのか？

3　自分はどの方向に進んでいるのか？　自分に幸せと充実感をもたらす目的に向かって進んでいるか？

いったん明確な目的を持つことができれば、自信と情熱を持ってそれを懸命に追い求めよう。

49 許す

相手を許すことによって過去を変えることは絶対にできないが、未来を変えることなら確実にできる。相手に対して敵意を持ち続けるのをやめれば、これからの人生を楽しむことができるからだ。

相手を許せば力が得られる。それは、ネガティブな感情を捨てて怒りや反感、憎しみなどのネガティブな感情から自分を解き放つ力だ。ネガティブな感情を持ち続けると、心身ともに疲れてしまう。誰かを許すことができずにいると、人生の主導権を放棄することになる。ずっと前のできごとなのに、いつまでもそれに翻弄されるからだ。結局、自分が傷ついてしまうことになる。

相手を許せば、おたがいが得をする。まず、相手を許すことによって、相手に向上する機会を与えることができる。次に、自分にひどいことをした相手を許し、敵意と憎悪を解き放つことによって、私たちは心身の健康を増進することができる。

許しのリストを作成しよう。自分を傷つけた人を許そう。過去の嫌な出来事を忘れよう。欠点を持っている自分を許そう。幸せな人生をおくる秘訣のひとつは、夜寝る前にすべての人と出来事を許すことだ。他の人たちからこうむったと感じる不正を許すことによって、心の平和が得られる。それはこの上なく貴重な財産だ。

50 喜んで代償を払う

成功の定義は人によってさまざまだ。お金をたくさん儲けることが成功だと思う人もいるし、それ以外のことを成功だと思う人もいる。いずれにせよ、自分に幸せと満足をもたらしてくれるものを手に入れることが成功だ。

成功の定義に関係なく、あなたは成功をおさめるために努力しなければならない。**なぜなら、成功は向こうからやってくるものではなく、自分から追い求めなければ手に入らないからだ。**

成功のもうひとつの必要条件は、喜んで代償を払うことだ。成功しない人は、成功したいという野心と欲望は持っていても、代償を払うのを嫌がる傾向がある。

成功をおさめるための代償とは何か？　それは、目標に向かって最後まで努力し続けるように自分を律することだ。いったん取りかかったことは、どのような悪条件の下でも成し遂げると決意しなければならない。いかなる障害に遭遇しようとも、自分はそれを乗り越えることができるという信念を持つことが大切なのだ。

目標を達成して成功したいなら、次のように自問するといい。「快適な生活と報酬を手に入れるために喜んで代償を払うか、平凡な人生でいいと妥協して安易な満足感を得るか、自分はどちらを選ぶか？」と。

おわりに

ギリシャ神話によると、かつて、オリンポス山に住む神々が会議を開き、幸せの秘訣をどこに隠せば、人間がそれを見つけたときに最も感謝するかを話し合ったという。「高い山の上がいい」「地中深くに隠そう」「深い海の底に隠すべきだ」など、さまざまな意見が出た。そのあとで、ある神が「人間の心の奥深くに隠すのが一番いい」と提案した。

太古の昔から、人間は幸せな人生をおくる秘訣を探し求めてきた。しかし現在にいたるまで、多くの人は、幸せの秘訣が隠された場所を見つけることができなかった。それが自分の心の奥深くに隠されていることに気づかなかったからだ。

幸せは、財布の中にお金がいっぱい入っているかどうかではなく、心の中で豊かな気持ちでいっぱいになっているかどうかに左右される。実業家ジョン・ロックフェラーの指摘は示唆に富む。「幸せを手に入れる方法は、二つの単純な原理にある。まず、自分にとって興味のあることで、しかもうまくできることを見つけ、次に、それに対して全身全霊を打ち込むことだ」というのだ。

幸せの原点は、心から楽しめる対象を見つけることだ。幸せは、善意、寛容、理解、愛をこめて他の人たちと調和のとれた人間関係を築くことによって育まれる。

自分に喜びと心の平和をもたらしてくれるものを決定することは、人生の幸せを手に入れるための出発点だ。自分を発見することを通じて、あなたは幸せの秘訣を見つけ出すことができる。それは自分の心の奥底に隠されているのだ。

さあ、第一歩を踏み出そう！

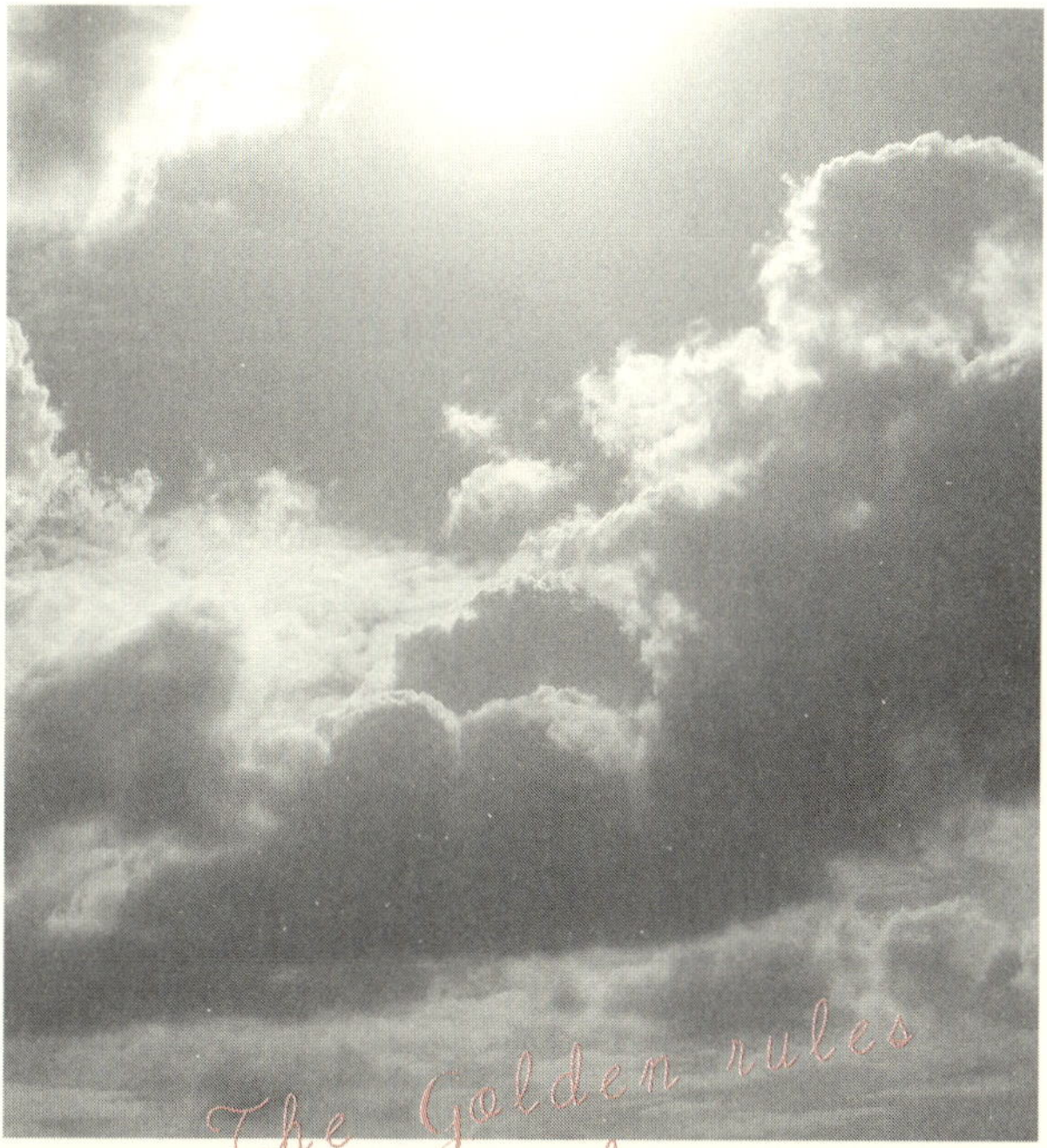

The Golden rules
of Growth

自分を磨く方法

発行日　2005年 8 月20日　第 1 刷
発行日　2006年 3 月10日　第14刷

author　アレクサンダー・ロックハート
translator　弓場隆

book design　長坂勇司
photograph　平野愼一
publication　株式会社ディスカヴァー・トゥエンティワン
〒102-0075　東京都千代田区三番町8-1
TEL　03-3237-8345（営業）03-3237-8991（編集）
FAX　03-3237-8323　　http://www.d21.co.jp

publisher　干場弓子
editor　千葉正幸

promotion group
staff　小田孝文、中澤泰宏、片平美恵子、井筒 浩、千葉潤子、長谷川雅樹、早川悦代、飯田智樹、佐藤昌幸、田中亜紀、谷口奈緒美、横山 勇、鈴木隆弘、八木憲一、大薗奈穂子、大竹朝子、富摩和也

assistant staff　俵 敬子、長土居園子、町田加奈子、丸山香織、小林里美、冨田久美子、井澤徳子、古後利佳、藤井多穂子、片瀬真由美、藤井かおり、三上尚美、大橋まさみ、山中麻吏

operation group
staff　吉澤道子、小嶋正美、小関勝則
assistant staff　竹内恵子、望月 緑、畑山祐子、熊谷芳美、高橋久美、空閑なつか、中村亜美、須藤葉月、白石眞規子、齋藤亜紀子、丸山智子

printing　株式会社厚徳社

この本をお読みになってのご感想や今後の出版へのリクエストなど、お気軽に編集部・千葉までメールでお寄せください。アドレスはmas@d21.co.jpです。お待ちしています。